1. WOLF

2. TIGER

3. DOG (SCHNAUZER)

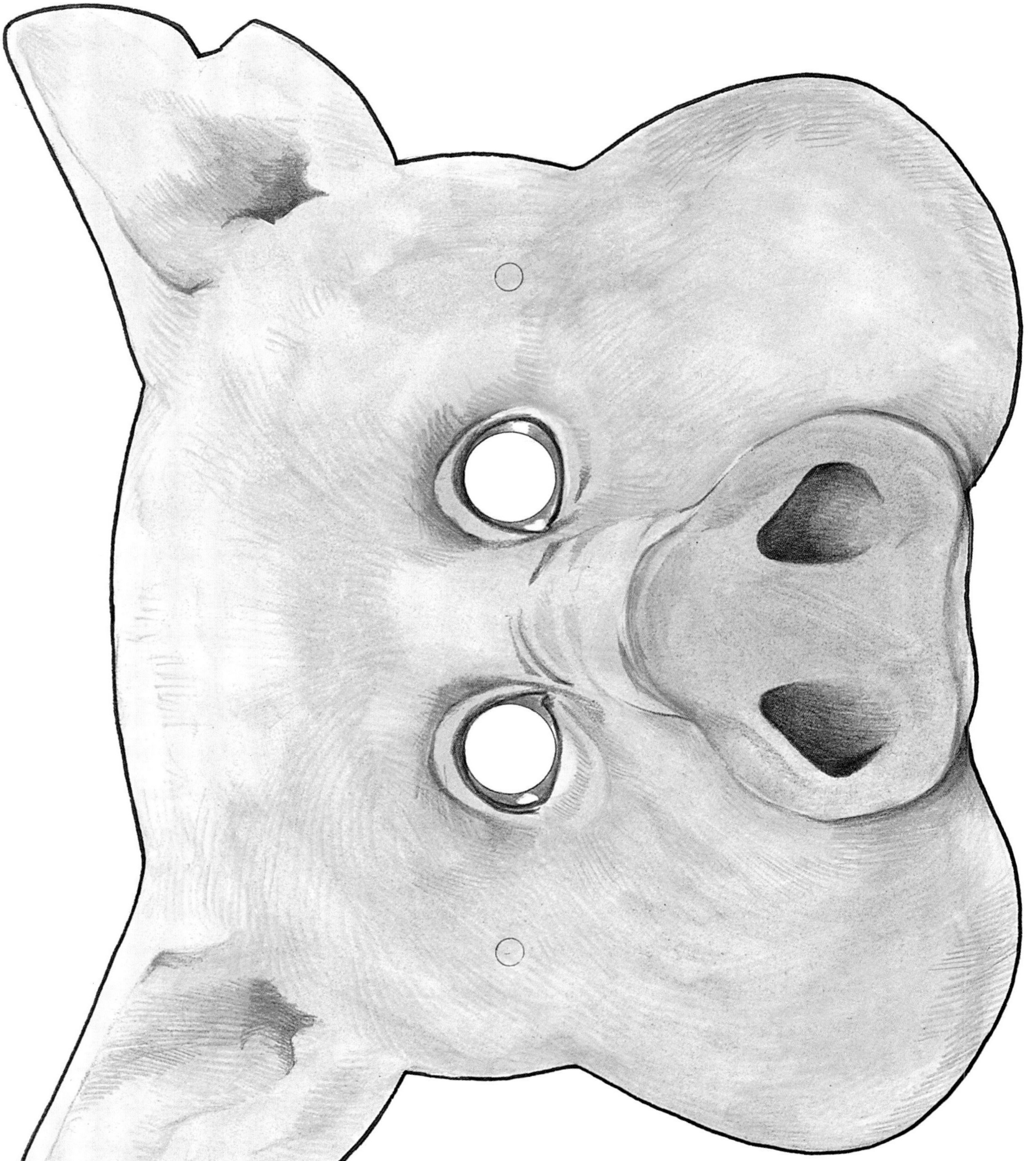

4. PIG

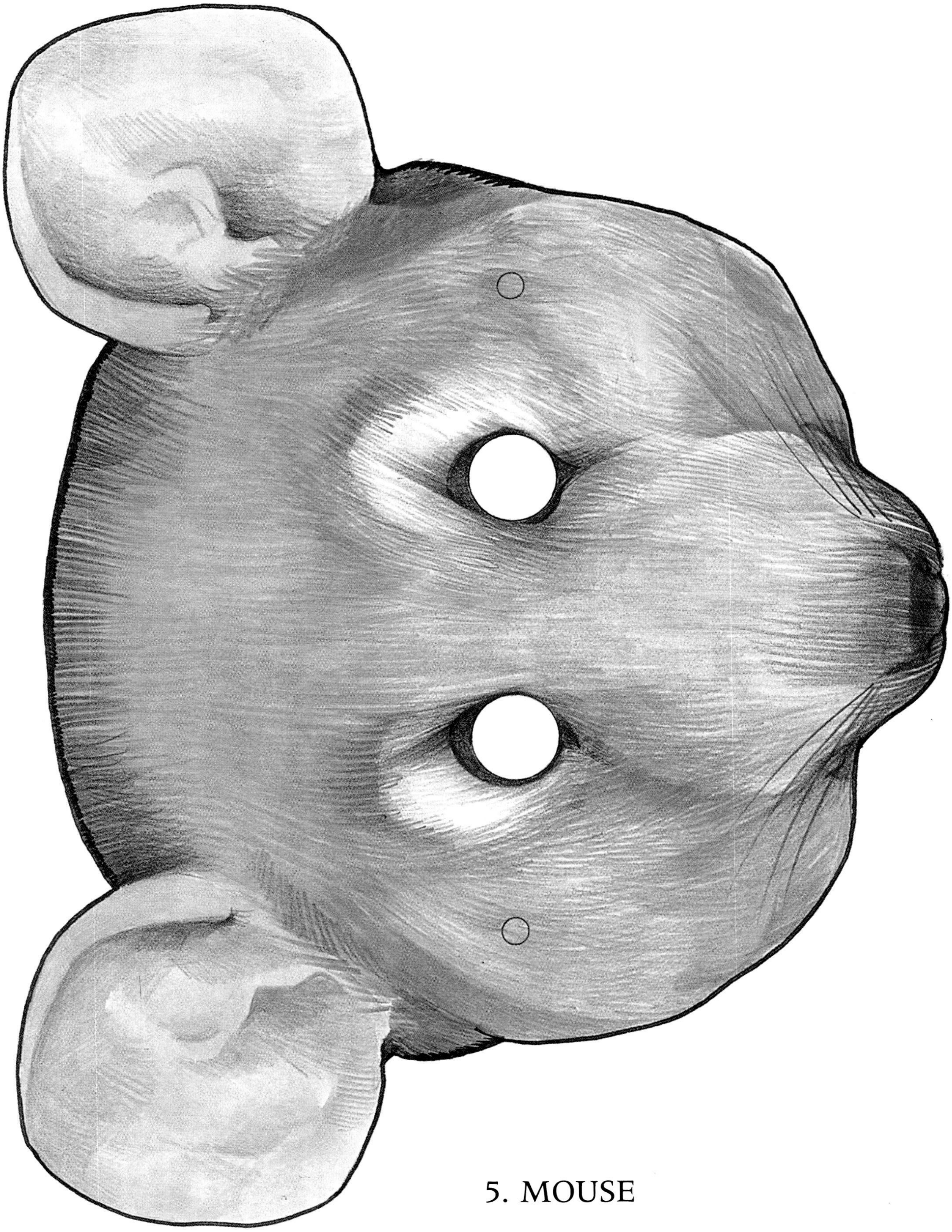

5. MOUSE

6. CAT

7. PANDA

8. LION

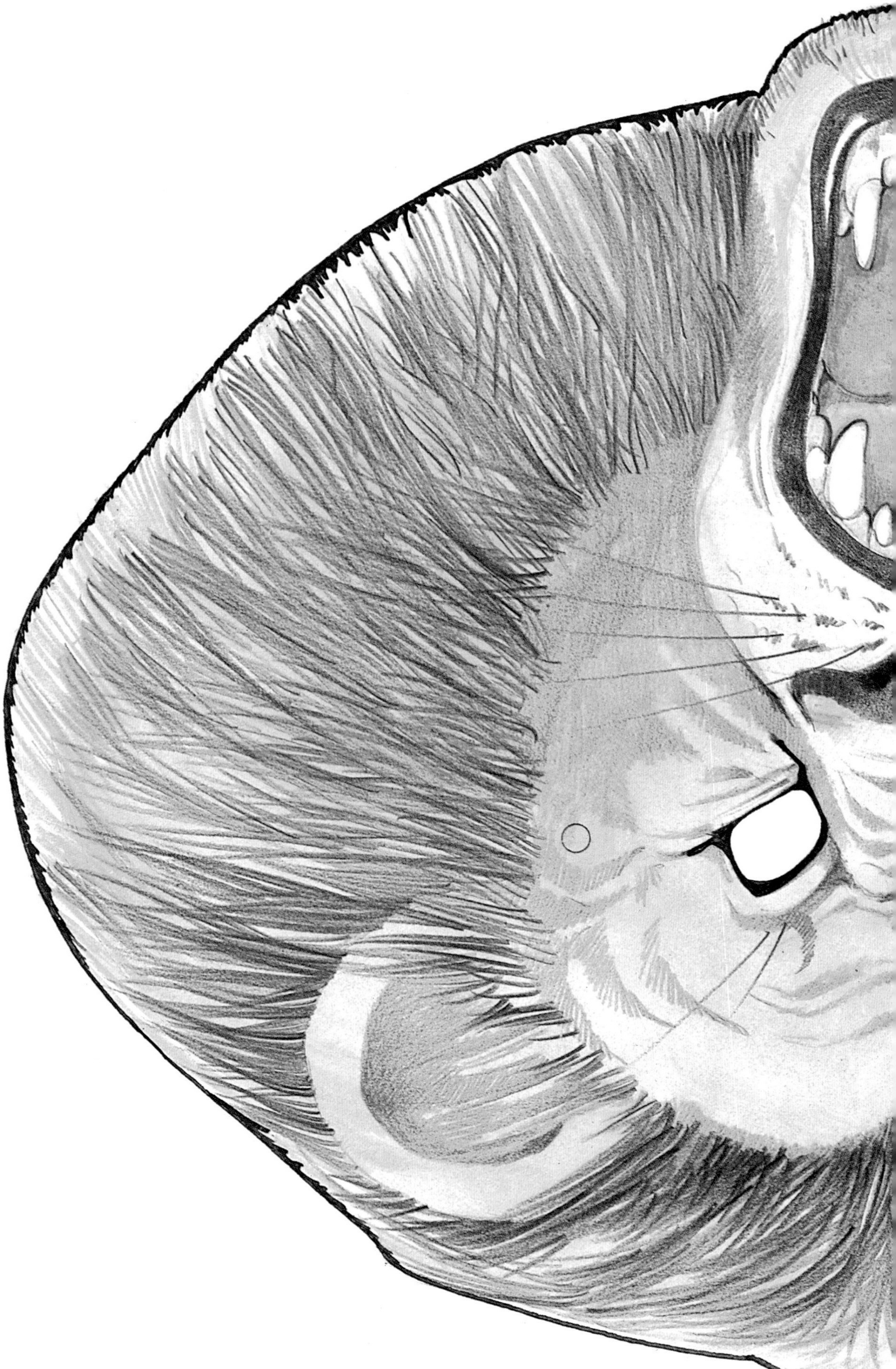

9. SHEEP

10. ZEBRA

11. KOALA

12. CHIMPANZEE

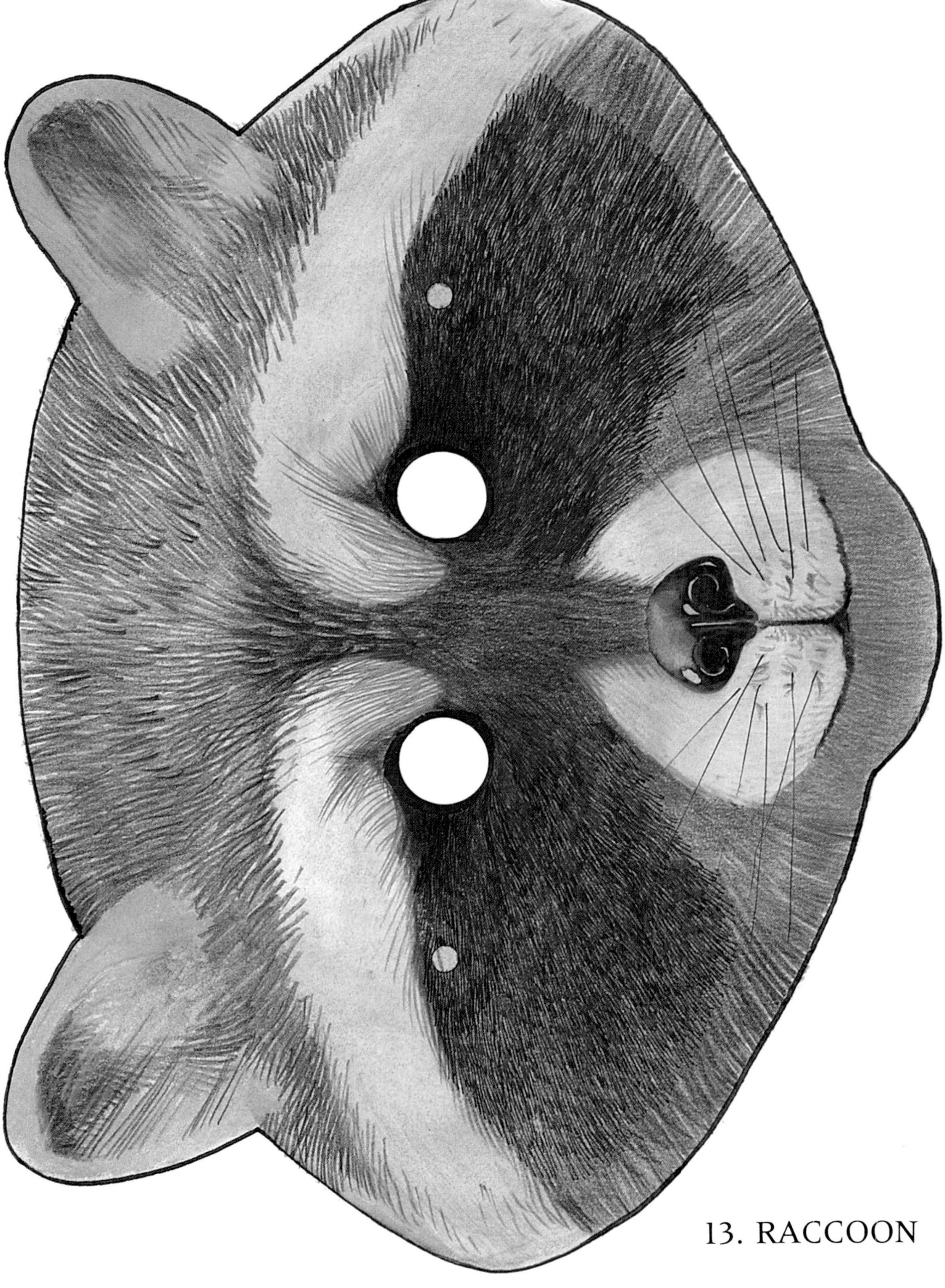

13. RACCOON

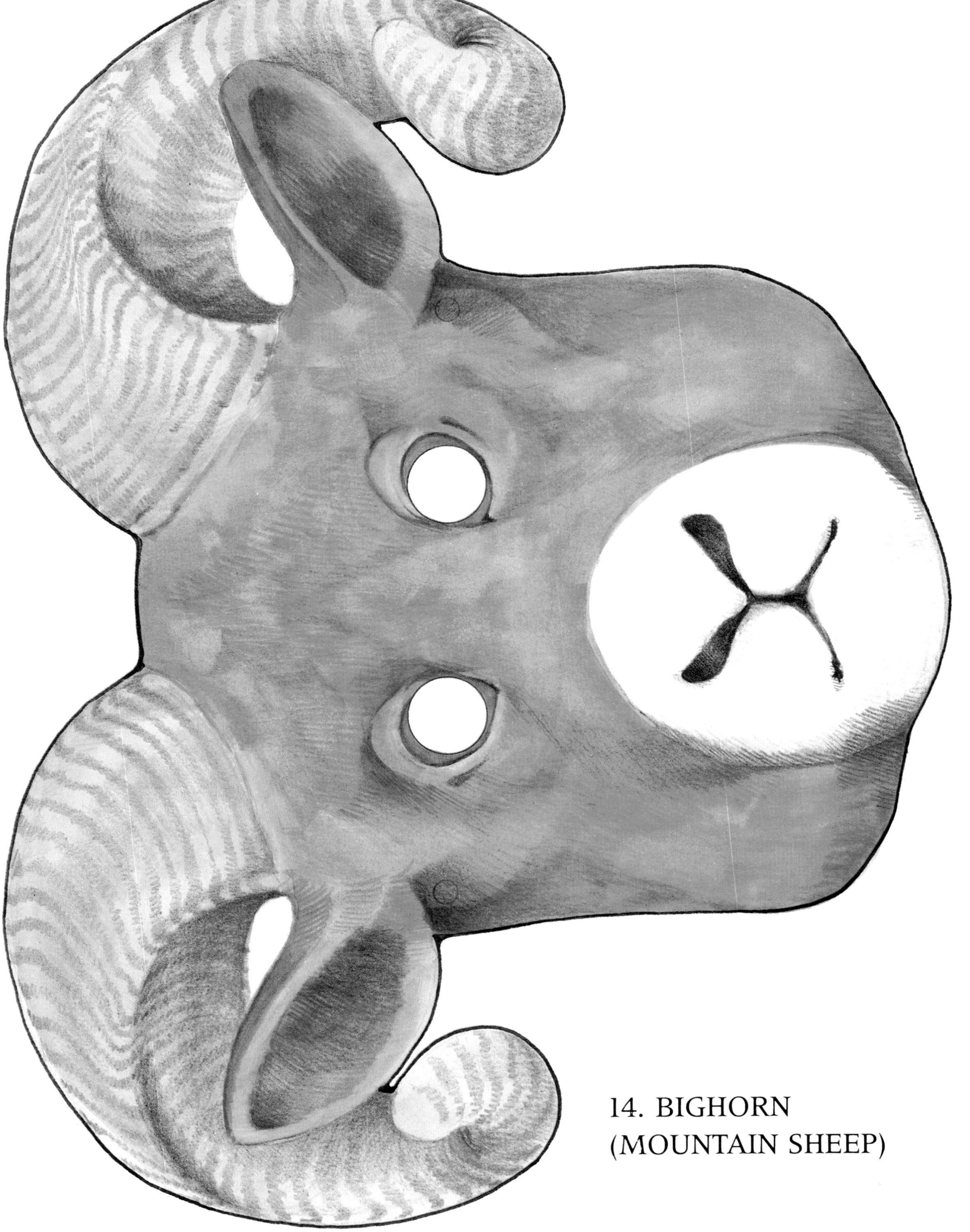

14. BIGHORN
(MOUNTAIN SHEEP)

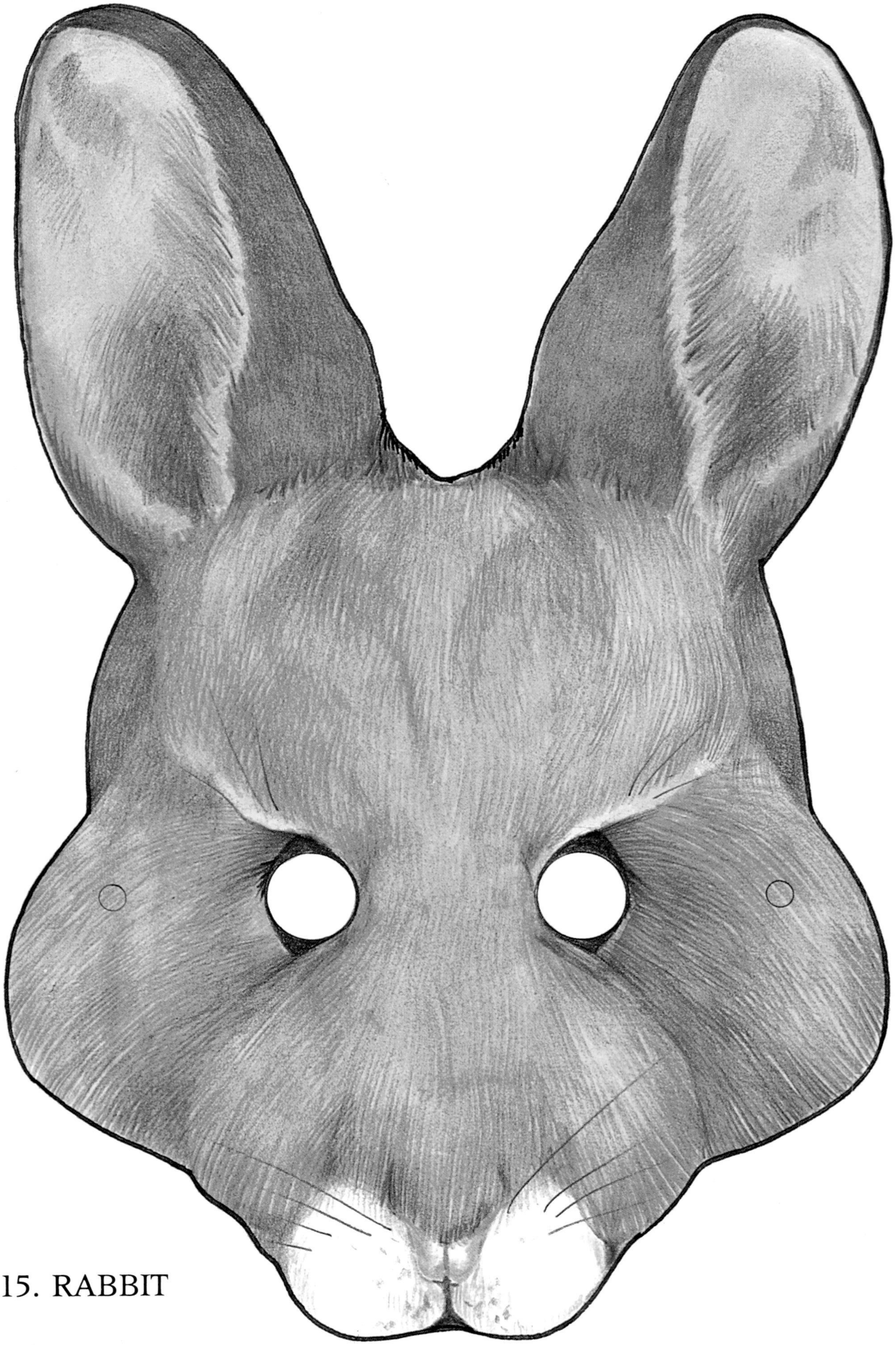

15. RABBIT